थॉट्स ऑफ़ ए जुवेनाइल

अपर्णा सिंह

Copyright © Aparna Singh
All Rights Reserved.

This book has been published with all efforts taken to make the material error-free after the consent of the author. However, the author and the publisher do not assume and hereby disclaim any liability to any party for any loss, damage, or disruption caused by errors or omissions, whether such errors or omissions result from negligence, accident, or any other cause.

While every effort has been made to avoid any mistake or omission, this publication is being sold on the condition and understanding that neither the author nor the publishers or printers would be liable in any manner to any person by reason of any mistake or omission in this publication or for any action taken or omitted to be taken or advice rendered or accepted on the basis of this work. For any defect in printing or binding the publishers will be liable only to replace the defective copy by another copy of this work then available.

क्रम-सूची

Thoughts Of A Juvenile (HINDI)

1. राधाकृष्ण — 3
2. बचपन — 4
3. बलिदान — 5
4. दोस्त — 6
5. आँसू — 7
6. यादें स्कूल की — 8
7. कोशिश — 10
8. प्यारी बहना — 11
9. माँ — 13
10. महात्मा गाँधी — 14
11. वर्षा — 15
12. आज भी क्यों ? — 16
13. योग मेकिंग इंडिया ग्लोबल — 17
14. मेरा बांके बिहारी ऐसा है — 18
15. आँधी तुफान और बारिश — 19
16. गुरू — 20
17. सोशल मीडिया — 21
18. ताब़ीर — 22
19. मेरा देश महान — 23
20. महाकाल — 24

Thoughts Of A Juvenile (ENGLISH)

21. The Real World — 27

क्रम-सूची

22. Goodbyes!	28
23. Warriors Of Independence	29
24. My Mother Earth	30
25. Alone	32
26. I Lost Her!	33
27. Caviling Humankind	35
28. My Teacher	36
29. Memories....	37
30. Smile	38
31. Death	39
32. India's Vision In 2047	40
33. Mahatma Gandhi	41
34. Life As Journey	42
35. The End Of Life	43
36. Unsung Heroes Of Freedom Struggle	44
37. My Brother	46
38. Human Nature	47
39. Don't Give Up	48
40. Nature	49

Thoughts Of A Juvenile
(HINDI)

1. राधाकृष्ण

गोरी है राधा तो सांवले है बिहारी
बरसाने की प्यारी राधा, वृन्दावन के लाडले बिहारी
माखन है राधा तो मिश्री है बिहारी
प्यारे नैन है राधा के तो उसके सुरमा है बिहारी
सबके दुःख हरने वाले है मेरे गिरधर गोपाल
तुम बिन यहां कुछ नहीं अपने पास बुला लो मेरे यशोदा
के लाल।
सहस्त्र गलतियों को भी जो माफ कर दे
ऐसा दिल रखता है मेरा कान्हा,
माखन चोर, नन्द किशोर गोपियों के संग
झुमे जो वही है सबसे प्यारा ग्वाला।
चोट लगी है कृष्णा को तो दर्द राधा को होवे,
यूं मिलन है दोनो का जैसे नदी में बूँद-बूँद पानी होवे,
ये प्रेम नहीं तो क्या है प्यारो,
जिसमें खुद को भुलाकर सिर्फ अपने गिरधर कि चाहत
होवे।

2. बचपन

वो दिन बहुत याद आते हैं मुझे जब हम नादान थे।
वो दिन जब हमारी उँगली पकड़कर
सब हमें चलाते थे।
गिर कर रोना आता था और कुछ ना
मिले तो ज़िद, जो हमेशा आगे रहती थी।
ना पढ़ने को पढ़ाई ना करने को कोई
काम था, सच बताऊँ तो असल खुशी वही होती थी।
लगता था कि छोटी-सी दुनिया है, जिसमें सिर्फ हमारे अपने थे।
कोई अफसर, तो कोई जहाज चलाना चाहे,
सबके बड़े-बड़े सपने थे।
जीवन का रास्ता तो बहुत आसान है यारो,
यही बस हमारी सोच थी।
कौन जाने बड़े होकर क्या करना है, उस
वक्त तो सिर्फ हमारी मौज थी।
सबसे अच्छा वक्त वो जो गुज़र गया हमारा।
खिल-खिलाते, मस्ती करती, खाते-पीते और
सो जाते, बस यही तो काम था हमारा।
गुस्सा करते तो हँस पडते थे घर में सब
कहाँ गए वो दिन जो याद आते थे अब।

3. बलिदान

सलाम करती हूँ उन देश के जवानों को
जिन्होंने दे दी अपनी जान,
इस देश के बारे में क्या कहूँ यारो
मेरा देश है सबसे महान।
शब्द कम लगते हैं मुझे ये बयान करने के लिए
मेरी जान भी हाज़िर है, मेरी मातृभूमि के लिए।
अमृत ऐसे ही नहीं मिलता, अमृत के लिए
जहाँ देवता और दानव भी एक हो गए,
हमारी देश की आज़ादी के अमृत के लिए भी
हर धर्म और जाति के जवान शहीद हो गए।
ना भुलना कभी उनकी कुर्बानी को, क्या
कुछ नहीं सहा, उन्होंने हमारे लिए,
खून भी बहा, आँसू भी बहे मगर फिर
भी जी-जान लगादी उन्होंने हमारे लिए।
जय हिंद! जय भारत!

4. दोस्त

घरवालो को छोड़ो हमे खुद नहीं पता हमारी
दोस्ती कब इतनी गहरी हो गई,
रोज़ साथ बातें करना और हसना कब
आदत सी हो गई।
दुआ करती हूँ मेरी भी उमर लगजाए तुम्हें,
कोई गम ना आए और हर खुशी मिलजाए तुम्हें।
इतनी ऊँचाई पालो के बोलने वालों के मूँह बन्द हो जाए,
आगे-पिछे बस तुम्हारा राज हो और तुम्हारी सारी मेहनत
सफल हो जाए।
ऐसे ही हँसती रहना हमेशा उदास अच्छी
नहीं लगती तुम,
साथ हँसे है साथ मुश्किल का भी सामना
करेंगे, ये यकीन करना तुम।
वादा करती हूँ खुशी का तो नहीं पता लेकिन
गम में हमेशा साथ हूँ,
बस एक आवाज दूर हूँ कभी भी बुला
लेना पास ही तो हूँ।
जन्मदिन तो हर साल आता है मगर हर साल
एक जैसा नहीं होता,
दोस्त तो कई बनते है मगर हर दोस्त तुम्हारे जैसा नहीं
होता।

5. आँसू

अक्सर आँखो को नम करके गुज़र जाया करते है,
अगर बहा दिए जाए तो दिल हल्का कर जाया करते हैं,
यकीनन ये पानी होते है मगर कीमत तो
इनकी बहुत होती है जनाब,
दुःख, दर्द, खुशी, गम ये हमेशा साथ निभाया करते हैं।
यूँ ही नहीं नम हो जाती है आँखे दर पर जाके उसकी,
सभी दुःख खत्म हो जाते हैं दर्शन पाकर जिसकी
यूँ ही नहीं रोकता एक बाप अपनी भावनाओं
को बाहर आने से,
बड़ा दिल रख कर जीना पड़ता है बेटियाँ
होती है जिसकी।
ना रोको तुम इन आँसूओं को नासूर बन जाएंगे ये,
कुछ हँस के, कुछ रो के बहा दो इन्हें,
तकदीर बन जाएंगे ये।

6. यादें स्कूल की

वो कुछ लम्हें ही तो है जो
जिन्दगी भर याद आते है,
वो कुछ बातें ही तो हैं जो
आँखों में आँसू बनकर ख्वाबो को सजाते हैं।
पढ़ते-पढ़ते मस्ती करना आदत-सी बन गई थी,
उस जगह जहाँ हम जाकर खेल-कूद
करते शरारत-सी बन गई थी।
जहाँ पढ़ना-लिखना सीखा,
वहीं दोस्ती भी बनाई थी,
जहाँ सपनों को पिरोया वहीं छोटी-सी
दुनिया भी बसाई थी।
पीछे बैठकर मस्ती करने का अलग ही स्वाद था,
टीचर की डांट खाकर भी ना मानना,
हर रोज का काम था।
हँसने की आवाज तो दूर-दूर तक सुनाई देती थी,
मज़े भी खुब किये हमने,
तभी तो चेहरे पर रौनक रहती थी।
किसी की ना मानकर अपनी मन की करते थे,
पढ़ते वक्त स्कूल में घूमते
कुछ ऐसी शरारत करते थे।
वो भी क्या दिन थे, जिनको
अब हम तरसते हैं,

बड़े होते-होते दिन बीत गए, जिन
खुशियों पर हम मरते हैं,
यूंहीं नहीं यारों स्कूल की मस्ती
को असली मज़ा कहते हैं,
कुछ दिन, कुछ पल होठों पर
मुस्कुराहट लाकर, जिन्दगी जीना सिखाते हैं।
वो कुछ लम्हें ही तो हैं, जो जिन्दगी
भर याद आते हैं,
वो कुछ बातें ही तो हैं, जो आँखों में
आँसू बनकर ख्वाबों को सजाते हैं।

7. कोशिश

जब तक साँसे चल रही है, हार मत मानो तुम
हर मुश्किल पार करके सफल
हो जाओगे ये विश्वास रखो तुम
यूँही नहीं मिलती जिन्दगी में ऊँचाईयाँ
थोड़ी-सी मेहनत करके उसके
फल को चखकर देखो तुम
कहीं होगी बुराईयाँ कहीं हौसला टूटेगा
तुम्हारा मगर, हार मत मानना तुम,
कठिनाईयाँ हर रास्ते में आती है
ये याद रखना तुम,
कुछ पाने के लिए कुछ खोना
पड़ सकता है,
हर संघर्ष के मैदान को पार कर जाना तुम
जब तक कुछ प्राप्त ना कर पाओ
तब तक चैन से बैठना मत तुम
अपने आप में विश्वास रख कर आगे
बढ़ते रहना तुम।
दुनिया में एसा कुछ नहीं है,
जो कोई कर ना पाए,
कोशिशों और परिश्रम में अभाव ना हो
ये प्रयास करना तुम।

8. प्यारी बहना

अक्सर यादों में खुश रहना सिख लेना चाहिए,
क्योंकि हकीकत बदल जाया करती है।
हमने जिन ख्वाबों की तस्वीर को बरसो
पहले सजाया होता है टूट जाया करती है
मानो ना मानो ये तुम्हारे हाथ में है
असलियत तो सबको देखनी पड़ेगी।
मैने देखा है इस गर्म हवा के मौसम में
बारिश की बूँदे भी गिर जाया करती है।
इन नम आँखों को कैसे रोकूं जिसमें मेरी
और तुम्हारी खुश यादें बसी होती है
ज़माना चाहे जो भी कह ले मगर लड़ कर
भी जो परवाह करें, असल मायने में बहन तो वही होती है।
साथ खेलते, साथ पढ़ते, साथ डाँट भा खाते
और फिर साथ सो भी जाया करते
ये दुनिया झूठ नहीं सच बोला करती है कि
बहन तो हर सुख दुःख की साथी-सी होती है।
अरसा बीत गया उन दिनों को याद करके जब
हम एक-दुसरे से लड़ कर मुँह फूला कर बैठ जाया करते थे
हर वक्त चुगली करने से पिछे ना हटते
मगर फिर साथ खाना-खाने भी बैठ जाया करते थे।
यकिनन तुम्हारी जैसी बहन किस्मत वालो को ही
नसीब में लिखी होती है।

वरना दिन तो ऐसे भी थे जब हम आपस कि
बातो को दिल में छुपाकर अक्सर
भूल जाया करते थे।

9. माँ

अपने सारे दुखों को सहजाती है माँ
कोई परेशान हो तो सुखी भला कैसे रह सकती है माँ
घर के सारे काम खुशी-खुशी करती है माँ
किसी की तबीयत खराब हो तो रात में सोती नहीं है माँ।
एक बच्चे को अपने कोख में नौ महीने
पालकर सारे दर्द सहलेती है माँ,
ईश्वर का दूसरा रुप है माँ।
अपने दर्द को छुपाकर मुस्कुराती है माँ,
खुद भूखी रहकर अपनी संतान का पेट भरती है माँ।
अपनी संतान की खुशी के लिए लड़ जाती है माँ,
अपनी खुशीयों को त्याग देती है माँ,
सबसे ज्यादा प्यार करती है तो सिर्फ और सिर्फ माँ।

10. महात्मा गाँधी

उसे सत्ता की भूख नहीं,
खून-खराबा मंजूर नहीं।
अहिंसा का रक्षक सही राह दिखाने वाला,
सत्याग्रह, दांडी मार्च जैसे आंदोलन करके
गोरों से आज़ादी दिलाने वाला।
अपनी जान पर खेलकर लोगों की जान बचाता था,
ऐसा हीरा देश का जो सब सहन कर जाता था।
खादी उसकी शान है,
हिंदुस्तान उसकी जान है।
धोती वाले बापू की ये एसी एक लड़ाई थी,
ना गोले बरसाए और ना ही कभी बन्दूक चलाई थी।

11. वर्षा

बादलों से घिरा आसमान कहीं काला
कहीं सफेद दिख रहा है,
गोल-गोल घुँघराले जैसे हर तरफ बिखर रहा है,
धीमी-धीमी हवा के झोंके मुझे छूकर गुजर जाते हैं,
कुछ ऐसा मनमोहक सौंदर्य मेरे मन को दिख रहा है।
देखते ही देखते धीरे-धीरे वर्षा होने लगती है,
सूखी मिट्टी पर पानी बरसाकर
उसको गीला कर देती है,
गीली मिट्टी की खुश्बू से घर-घर भर जाता है,
रिमझीम वर्षा होने की आवाज़ बहुत सुहाती है।
इतना सुहावना मौसम देख कर
आँखे भर आती है,
खुश्बूदार फूलों और गीली मिट्टी की
महक हर तरफ भर जाती है।
मन करता है बाहर घूमने जाऊँ इस वातावरण में,
जहाँ एक-एक कोने में
इस मौसम की सुगंध आती है।

12. आज भी क्यों ?

आज भी होता है अत्याचार नारियों पर
लांछन लगते है लड़कियों की बदजात पर
आज भी प्रताड़ित होती है बहुँए दहेज के लालज में,
आज भी होता है बलात्कार बच्चियों पर।
ये समाज गंदी सोच रखता क्यों है?
लड़का और लड़की में भेदभाव करता क्यों है?
क्या नहीं जानते वो लड़कियाँ भी बहुत
कुछ कर सकती है?
ना जाने ये समाज लड़कियों को कमतर समझता क्यों है?
आज भी हो जाती है शादियाँ कम उम्र में,
शामिल कर देते हैं, छोटी बच्चियों को दूसरो के घर में,
आज भी उछाली जाती है गंदगी उनके किरदार पर,
आज भी कई लड़कियों को रखते नहीं माँ -बाप अपने साथ
में।
आखिर ये समाज लड़कियों की बेबसी समझता क्यों नहीं
है?
जैसे लड़को को ऊँचाई पर रखते है,
वैसे लड़कियों को रखते क्यों नहीं है?
क्या वो नहीं जानते लड़कियों की
बहादुरी और सहनशीलता को,
सब उन्हें लड़कों के समान दर्जा देते क्यों नहीं है?

13. योग मेकिंग इंडिया ग्लोबल

प्राचीन से वर्तमान तक हमने यही सिखा है,
योग ही जीवन और जीवन ही योगासन है,
ऐसे ही हमको जीना है।
होता है बहुत महत्वपूर्ण एवं लाभदायक भी,
स्वस्थ रहने का यही है तरीका छोड़ना मत कभी भी।
अंग माँसपेशियों एवं नसों के कार्यकाल को बढ़ाता है,
इतना आवश्यक है ये व्यायाम, जो हमारी हर शारीरिक एवं
मानसिक रोगों को घटाता है।
आओ मिलकर साथ करें,
देश का रोशन नाम करें।
योग करने में हाथ बटाओ तुम,
व्यायाम से ना घबराओ तुम।
विश्व में चर्चा हो ऐसा तुम गुण-गान गाओ,
कसरत करो, योग करो हर रोग को दूर भगाओ।
लिखा शास्त्रों में हें, ऐसा योग चित्त वृत्ति निरोधक है,
मानस का अंतर मिटाता अध्यात्म के पथ का बोधक है।
तन, मन, जीवन का चरम संयोग है ये,
आत्मा को शुद्‌ध करता है, जो ऐसा जीवन दर्शन है ये।

14. मेरा बांके बिहारी ऐसा है

हम तो राह के मुसाफिर है, मंजिल वही दिखाता है,
पतवार चलानी हमें है नईया वही पार कराता है,
डगमगाना नहीं कभी सही राह पर चलने से तुम,
ऐसा मालिक है मेरा कि सब पर अपनी कृपा वो हमेशा बनाए रखता है।
उस पर विश्वास करना सदैव,
वो कभी किसी का हाथ नहीं छोड़ता,
बिगड़े काम बनाने वाला कभी किसी का भरोसा नहीं तोड़ता,
उसके प्रेम की लीला में पागल भी हो जाओ तो कोई शिकवा नहीं मुझे,
मेरा न्यायधीश कभी किसी के साथ अन्याय नहीं करता।
हर सही रास्ते पर वो साथ है ये विश्वास रखना तुम,
जहाँ भयभीत हो उसे स्मरण कर कभी डरना मत तुम।
उसकी महिमा अप्रमपार है प्यारे,
तुम्हारी हजार गलतियों को भी जो माफ करदे
ऐसा विधाता है मेरा ये याद रखना तुम।

15. आँधी तुफान और बारिश

देखो कैसे डराकर आती है
झटपट रखे सारे अखबार उड़ा ले जाती है
ठण्डी-ठण्डी हवा के झोंको से जैसे सारे पन्ने फट जाते है,
गरज-गरज कर आने का पैगाम देती देखो तो कैसी आती है।
छोटे बच्चे डर कर रोते यूँ बेवक्त ये आती है।
धड़-धड़ किवाड़ की आवाजें सुन लो जो अन्दर तक आजाती है।
तपती धरती को पानी पिलाकर उसकी प्यास भुजाती है,
हाहाकार हो रखा है जिस गर्मी से उसको ये भगाती है,
बिजली भी कड़कती बादल भी गरजते,
किसानों की खेती भी हो जाए ऐसे ये पानी बरसाती है।
हल्की-हल्की बूँदों से देखो ये चेहरे पर मुस्कान ले आती है,
झम-झम झम-झम करती वर्षा गर्मी के बाद ये आती है।

16. गुरू

मार्ग दर्शक करने वाले,
सही राह पर चलाने वाले।
जिन्दगी जीने का सही ढंग सिखाते है,
ईश्वर के बाद जिनका है, महत्वपूर्ण पद वही गुरू कहलाते हैं।
नियत इनकी साफ है
मेहनत इनकी लाजवाब है
तपती गर्मी में भी जो ज्ञान बाँटने से पीछे ना हटे,
सबसे आदर्णीय है वो गुरू, जो कभी असत्य ना कहे।
तुम एक कदम बढ़ाओ, वो दस कदम साथ चलते है,
तुम लक्ष्य को प्राप्त करना चाहों,
वो उसका रास्ता दिखलाते हैं,
ऐसे होते हैं, गुरू,
जो खुद का ना सोचकर,
दुसरों की खुशी में हाथ बटाते हैं।

17. सोशल मीडिया

सुधारता नहीं बिगाड़ता वो है,
हर बच्चे को उसके लक्ष्य से दूर करता वो है,
नाजाने कैसे आजाते हैं भ्रम में ये मासूम,
जिन्दिगीयों में परेशानी लाता वो है,
कैसे बतलाए उन्हें कि ये ठीक नहीं,
धोखाधड़ी का एक नाम वो है,
समय बरबाद करना उसे आता है, अच्छा से,
सच बताऊं तो कई मौत का कारण वो है।
अपनों से दूर कर देता है,
जी हाँ वो सोशल मीडिया है,
जो जिंदगी से सकून छीन लेता है।
ये वरदान नहीं एक अभिशाप है,
ये मदद नहीं अवरोध है,
ये लक्ष्य नहीं अलक्ष्य है,
ये अच्छा नहीं बुरा है,
छात्रों के हित में नहीं है,
जी हाँ वो सोशल मीडिया है, जो सही नहीं है।

18. ताबीर

ख्वाब है कुछ और तू चल पड़ा कहीं और क्यों?
ये समाज, घर और घरवाले तू इनसे डरता है क्यों?
क्या हुआ अगर उन्हें नहीं पसंद तेरा काम तेरा ख्वाब,
पंख फैला और उड़जा बहुत दूर तू
इतनी फिक़र करता है क्यों?
मेहनत कर और हासिल कर अपने ख्वाब तू,
मत डर किसी से और उड़जा किसी
आज़ाद परिंदे की तरह तू,
कल नहीं आज नहीं शुरु कर अभी से
क्यों करता है इंतजार सही मौके का,
कोशिश करके फतह करले अपने सारे इम्तहान तू।
तू कर ऐसी अनसुनी शुरूआत की दुनिया देखती रह जाए,
मुकम्मल कर अपने हर सपने को की इतिहास बन जाए
कमी मत आने देना अपनी मेहनत और कोशिशों में,
मगन इतने हो जाना कि ये सारा आलम तुझपे फ़ना हो जाए।

19. मेरा देश महान

मेरा भारत देश महान
करती हूँ सभी जवानों को सलाम
ना परवाह करी किसी की
मातृभूमि के लिए दे दी अपनी जान
यह देश है, विविध धर्म एवं जातियों का
यह देश है कई शहीद जवानों का
जहाँ से मिली संस्कृति और सभ्यता की शान
यह देश है हर हिंदुस्तानी का
रक्तभूमि वीरों की सुनहरी शाम और सुबह है,
जिसकी ना भुलना इसका एहसान कभी
मातृभूमि को अभिवंदन करे सभी
स्वर्ग सा सारा जहाँ है जिसमें
नदियों की धारा है जिसमें
ईश्वर की जन्मभूमि वो है,
हरियाली से भरे वन है जिसमें।

20. महाकाल

तुम ही हो आदि, तुम ही अनंत हो
तुम ही हो सर्वज्ञ, तुम ही सर्वेश्वर हो,
हे शिव शम्भू! तुम्हारी माया है
ऐसी कि, तुम ही निर्माता और तुम ही विध्वंसक हो।
विष अपने गले से उतारने वाला,
दुनिया को नष्ट होने से बचाने वाला,
नीलकंठ है, अंतर्यामी जो है,
कैलाश पर्वत पर विराजमान होने वाला।
विघ्नहर्ता के पिता पार्वती के पति है वो,
समस्त सृष्टि को चलाने वाला सर्वज्ञ है वो,
मृत्यु और समय पर विजय प्राप्त करने वाला
त्रिमूर्ति का एक अंग महाकाल है वो।

Thoughts Of A Juvenile
(ENGLISH)

21. The Real World

True in the front ,backbitting at the other side ,
Loving nature they pretend ,but the real face is what they hide.
Hatred and jealousy, you'll find everywhere,
Enmity is filled in hearts of people here and there .
Love and friendship seems to be disappear,
As they are rarely seen in people so do I fear.
What to do about this toxicity that has been spread in the air of love,
I only pray for the affection and zeal that was before from the heaven above.
I hope that the world becomes a better place to live ,
He, the almighty who's seeing all from abode do forgive.
Can't we replace this anger with the hands willing to help each other ,
Can't we change our mind,our thoughts and ideas to help this world grow further.

22. Goodbyes!

It is very hard to say,
As it takes someone from us very far away.
It's something that'll make you realize what have you lost,
It is a message which is not easy to convey
Goodbyes are meant forever ,
They tell us that now we'll meet never ,
No doubt,it is a simple word with two syllables ,
But still it's difficult may be it is for whosoever .
It is not just a word,it has feelings too,
It shows us a journey of going far away may it be me or you,
It's intricate to talk about this,
However, we'll heal after we become blue.

23. Warriors Of Independence

Somethings cannot be described in words,
The freedom,independence and cries that were heard.
The people who lost their lives, the best and true,
To save,secure and create a bright tomorrow for me and you.
They were the real heroes of our country,the most honest and brave,
For whom thousands of eyes got wet at the grave.

24. My Mother Earth

Her serene and exiquisite nature is what I see and sink,
Her tranquility and calmness is such that I'm forced to think.
She is the past,present and future who gives us life and shelter ,
She is the feeder ,she is the goddess ,she is the protector.
From animals to humans we all live here ,
It's full of forests fresh air and water that is clear.
Look at the beautiful birds that fly in the blue sky,
Look at the charming butterflies that suck nectar in the garden nearby.
The colourful flowers that blossom here makes us feel the best,
We can see the white snowy mountains after which we forget the rest.
It's our responsibility to keep it clean and green ,

अपर्णा सिंह

She should be full of beauty as she is the queen.

25. Alone

In this world, I am alone no one is there,
No chaos ,no interruptions just complete silence everywhere,
For me this place is like the coast of sea ,
As I am living peacefully and happily with no questions here.
I love to go there as I become happy whenever I am blue,
No stress or tensions,no fights and no knots to sew,
Being lonely hides my tears, my pain and sorrow,
I guess it to be the most appropriate place for me and you.

26. I Lost Her!

Why can't you be here with me?
Like every twin does why can't you fight for me?
Please come back sweetie there's a place in my heart of you, I can't give it to anyone
Why can't you live or hang out with me?
There's no one who can take your place ,
None can compete or be like you in the whole race ,
It would have been so good if you were here
Your beauty is such that I always embrace.
Not a single person is there in this big world ,
You left me without understanding how much I am disturbed,
We would have shared our secrets and gossips
But you're not here and so all my wishes are burnt.
I miss you more than an icecream misses it's cone,
You're no longer now and have left me all alone ,

How do I describe my love for you my dear sister,
Hope you would have come back but it's not possible as you were accident-prone.

27. Caviling Humankind

It's so strange,
When the people are filled with rage.
When birthday cards are replaced by videos.
And it's hard to be in the world of chaos.
In this judgemental society,
Young minds are filled with anxiety.
What to do ,what to say?
It's hard to give the message you wanna convey.
People have fogotten the meaning of love,
But have become judicious as I mentioned above.
This world full of suffocation and hatred ,
Is the reason people becoming sophisticated.
I hope people could learn to love as they are taught to hate ,
I only want a world full of love that we could create.

28. My Teacher

He is the one who is always there for me,
From my doubts to my questions,
Knows all the answers from top to knee.
He is like a light of guidance,
Who wins everyone's heart from his kindness.
He should be given a prize for his intelligence ,
A truly elegant person commited to excellence.
The one who told me how to become a bold speaker ,
Yes,he is non-other than my teacher.

29. Memories....

The moments spent yesterday,
Are in pictures now....
The bond and affection which were priceless then,
Is lost today I don't know how....
Every second that I made with you,
Make my eyes tearful over and over again....
As I can never forget these moments,
And regret on many things I abstain...
So memories are there for you,
To remind of things that has gone before....
Some friends, some loved ones,
You may never meet anymore....

30. Smile

It has lost now forever
May it be 'cause of any reason
It will come never.
The only thing that brought shine on her face is gone now,
It is the jewellery of every person
Days gone past couldn't change her ,
As we say the time is healer didn't healed her.
She even have those wounds today,
As if they were hurt close back in someday.
She would not talk to anyone and be silent,
Who used to be a chatterbox and was called violent.
Now there's nothing to say,
As there is so much silence
Which makes me quiet in a way.

31. Death

It is the bitter truth
No one wants to accept,
It is something everyone has to go through
And cannot reject,
It is the true lifecycle of every being here,
It is not an object
That your money will affect.
It is the reality, all of us have to go through,
No one is left behind may it be or you,
You cannot hide or run away from this,
As one day it has to come and so we'll all flew.
May be you are rich or poor
It does not discriminates among anyone,
It is not a lie or dream
And will not leave someone,
Every other person has to go away
And leave this world,
So, never fear from this
As it will come to all and one.

32. India's Vision In 2047

Everyone will be educated
Everyone will be employed,
No social problems
And poverty will be void.
It will be hundred years to independence,
So will be the urbanisation dense.
Corruption,illiteracy all from we would have fought,
Clean and green India is what we would ought.
Look at the buildings all around,
Some houses, some industries
Is what we will be surround.

33. Mahatma Gandhi

You came in the time of pain,
An ahimsa loving saint.
The real hero of our country
The most patient and brave,
For whom thousands of eyes got wet
At the grave .
The peace loving elegant simple person,
Because of whom, we felt like we have earned
a place in sun.
The freedom fighter and believer of non-violence,
A shrewd politician who had discipline in his essence.
With guns and knives he did not fight,
Satyagrah was his eternal might.

34. Life As Journey

We never know
What goes in someone else's mind ,
May be the person is smiling in front
But broken inside ,
Life is a journey of ups and downs,
We should have a positive attitude towards this journey
And should never hide.
In this crowd we're not the only one to suffer,
Everything is fine today
But tomorrow may be the situations get tougher,
Learn to fight with a face smile on it,
'Cause remember what is now
Will not be afterwards and everything would recover.
Believe the truth ,forget the lies,
Word hard and become something nice,
You live once and die once,
So blow away the dark nights
And come up with the morning when the bright sun shines.

35. The End Of Life

Prepared or not, one day everything will end,
Your dreams and wishes will go away,
Whatever collected may it be money or land
Will be transferred to someone else and would not stay.
Your feelings and jealousies
Will all get vanish from your heart,
When you'll leave this world of greed and selfishness
And move apart.
It will be the ultimate end of your life,
When you would have known about the importance of things
For what you had earlier strive.
It can be the answer of your prayers
Or the fruits of actions you reaped before,
Value of your life will be counted
When people will remember your good deeds and will adore.

36. Unsung Heroes Of Freedom Struggle

The brave mercenary who solely fights
Leaving all anxieties sometimes quietly dies,
For the nation, for the motherland
For the love of his home,
With collosal courage brawls who is also known
as a knight.
They who were the real heroes
Fought for us and gave up their lives,
The revolutions,movements all of which were led
by great strive,
I salute the great martyrs
Their bravery and their efforts,
Whose endeavour have now flourished
As we are living happily without any deprive.
Their sacrifice which is excruciating
Is the result we are happy today,
Living our lives safely
With freedom not under any sway ,
We should be thankful to them
As we can sleep peacefully 'cause of them,

I hope we give them the respect they deserve
This was the message I wanted to convey.

37. My Brother

He is the best who always fights for me ,
He is a true friend who is always there for me .
He is the sweetest and the most handsome person,
Who never let the conditions get worse.
He is the most honest and my secret keeper,
Who is always behind me as a teaser.
It's next to impossible to explain this bond in words,
You're the most special person in this whole world.
It's not easy to describe further,
Yes, he is not other than my brother.

38. Human Nature

Be positive and blow away the negativities from your mind,
Just think the best for you and your future
And everything will get fine .
Don't be too much worried
That may harm your health,
Give your best in whatever you do
And never think about your wealth.
You have got the best
The almighty could give you,
So be happy and satisfied
With your life and never feel blue.
'Cause what you have may not be with the other,
And that makes the difference so be grateful my brother.
All are same with the same mind and heart,
So try to spread love which is like an art.
There has to an end one day so why are you so proud of yourself?
Everything belongs to the father in heaven from what we eat to where we dwell.

39. Don't Give Up

Never stop trying for what you have dreamt of someday,
Believe in yourself that you will achieve your goal oneday.
It costs nothing to work hard and fight for what you had thought of always,
Put your efforts into your work may be it takes months and days.
No one ever thinks of the challenges and struggles that you face,
But will always talk about your result that you achieve in the whole race.
No matter what comes up in between you and your success,
Fight for it and never feel distressed.

40. Nature

So lush and green,
Calm and beautiful,
Takes my breath away
As it is so wonderful.
Tall trees and grass that shines 'cause of dew,
There goes the rivers and oceans flowing through.
The beauty is undefined and impossible to be written in words,
When you see the blue sky filled with birds,
The small insects and the plants that dwell here,
Resemble the ornaments found everywhere.

www.ingramcontent.com/pod-product-compliance
Lightning Source LLC
La Vergne TN
LVHW041556070526
838199LV00046B/1998
* 9 7 9 8 8 8 8 0 5 7 8 5 8 *